방과 후 학교, 자유학기제, 문화센터, 청소년센터에서의 활용을 위한

인형치료 집단프로그램

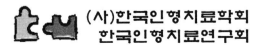
(사)한국인형치료학회
한국인형치료연구회

차   례

인형치료 집단프로그램

■ 이론적 배경

　건강한 삶에는 개인의 의식과 무의식 사이에 적절한 균형이 필요하지만, 또한 일상 속에서 내 말에 귀를 기울여주고 마음을 편하게 해주는 가족과 동료가 반드시 있어야 한다. 롤로 메이는 많은 내담자들은 심리치료를 받으면서 자신의 말을 들어주는 동료와 가족이 없었기에 신경증을 앓았다는 것을 깨닫게 된다고 말한다. 우리가 건강한 삶을 살기 위해서는 건강한 내면 뿐 아니라 나를 환영해주는 사람이 필요하다. 나를 긍정적으로 보아주고 지지와 격려를 해줄 수 있는 사람이 있어야 한다. 관계 안에서 긍정적인 상호작용과 긍정적 피드백의 경험은 언어를 통해서만이 아닌 인형 상징체계의 도움으로 더욱 활성화 될 수 있다.

　따라서 본 인형치료 집단프로그램에서는 안전한 관계 속에서 친밀감을 위한 심리적 도구인 인형을 매개로 한 인형치료를 기반으로 공감적 상호작용을 가능하게 돕는 관계놀이상담과 집단 간 정서적 상호작용 놀이를 통해 긍정적 대인관계 기술을 돕는 집단놀이치료를 이론적 배경으로 구성하였다.

　인형치료는 안전하게 개개인의 무의식을 표현해주는 동물인형과 의식의 내용을 의사소통하게 할 수 있는 가족인형을 통해 자신 문제를 치료적 은유로써 효과적으로 표현하도록 돕는다. 관계놀이상담은 상호주관적 상호작용 방식을 익히게 도와주어 발달상의 스트레스를 극복하고, 다른 사람들을 정확하게 지각할 수 있으며 다른 사람에 대해 공감과 관심을 가질 수 있도록 돕는다. 집단놀이치료에서는 집단 안에서 긍정적 자기개념 및 타인이해를 증진시킴으로써 사회적 관계를 더 잘 유지할 수 있도록 돕는다.

　인형치료, 관계놀이상담 그리고 집단놀이치료를 이론적 배경으로 본 인형치료 집단프로그램은 관계에서의 긍정적 상호작용과 이를 통해서 긍정적 자아상의 촉진과 자기성장에 초점을 두고 있다. 따라서 학령기에서 성인에 이르기까지 사회적 관계기술의 어려움이 있을 경우, 첫째, 인형치료를 통해 정서적으로 안전하게 자신을 표현하도록 돕고, 신체놀이와 집단놀이를 통해 공감을 바탕으로 타인과 긍정적으로 상호작용하도록 도움으로써 궁극적으로 자신에 대한 긍정적 인식과 더불어 타인과 협력하며 친사회적 관계를 맺을 수 있기를 기대한다.

■ 프로그램 목표

　　인형치료 집단프로그램의 목표는 집단원들의 심리적 특성에 대한 전문적 이해를 바탕으로 집단 안에서 공감적 협력관계를 맺고 개개인의 긍정적 자기상을 찾도록 돕는 것이다.

■ 프로그램 개요

　　본 프로그램은 인형매체를 통해 언어로 표현하기 힘든 자신의 긍정적 혹은 부정적 감정을 쉽게 표현할 수 있도록 돕고, 집단 안에서 경험된 다양한 공동체 활동을 통해 나와 타인을 긍정적으로 인식하도록 한다. 집단 안에서 경험된 공감적 협력관계가 긍정적 상호작용 및 개개인의 긍정적 자기상을 찾도록 돕는다.

■ 프로그램 구성

　　본 프로그램은 다음과 같은 5단계의 목표를 가지고 총 15회기로 구성되어 있으며, 인형을 매개로 한 놀이 활동을 통해 집단 안에서 경험한 친밀감이 나와 타인을 긍정적으로 인식할 수 있도록 돕는다. 따라서 집단 간 협력관계에서 형성된 성취감과 공감은 개개인이 긍정적 자기상을 찾을 수 있도록 이끌어낼 것이다.

　　본 프로그램은 다음과 같은 5단계로 진행된다.
○ 1단계: 집단 간 친밀감 형성하기
○ 2단계: 집단협동 경험을 통해 나와 타인 인식하기
○ 3단계: 타인과 협력하여 성취감 경험하기
○ 4단계: 현재의 가족 안에서 긍정적 자기상 찾기
○ 5단계: 집단 안에서 긍정적 자기상 찾기

■ 프로그램 활용

　　본 프로그램은 초등학교 방과 후 교실, 중학교 자유학기제, 고등학교 집단 프로그램으로 학교 현장에서 사용할 수 있으며, 아동, 청소년, 성인을 위한 집단 프로그램, 그리고 일반인을 위한 문화센터 등에서 활용될 수 있다.

■ 차시별 인형치료 집단프로그램 운영계획

차시	제목	목표	주제	학습내용
1	나, 이런 사람이야	집단 간 친밀감 형성하기	명함 나누기	1. 참가자들이 모두 자기이름을 소개하기 2. 참가자들과 서로 인사를 나누는 시간 3. 접촉놀이 4. 명함 만들고 서로 나누기
2	나를 맞춰봐		자기소개서를 작성하고 탐정놀이하기	1. 동물인형 중 현재 자신을 상징하는 동물 인형 찾아오기 2. 자기소개서 작성하고 자기소개하기 3. 탐정놀이
3	우리끼리 모여요	집단 협동 경험을 통해 나와 타인 인식하기	동물 사파리 마을 만들기	1. 동물인형 중 소망하는 자신의 동물인형 찾아 이유 설명하기 2. 같은 특징을 가진 동물끼리 모이기 3. 동물 사파리 마을 이름 정하기 4. 동물 사파리 마을 광고하기
4	따로 또 함께		주토피아	1. 나만의 동물 사파리 만들기 2. 집단 동물 사파리 마을 만들기 3. 집단 동물 사파리 마을의 스토리텔링
5	우리 함께해요	타인과 협력하여 성취감 경험하기	집단게임활동	1. 귓속말 전달하기 2. 얼굴표정 맞추고 표정 전달하기 3. 손 탑 쌓기, 손바닥 장점쓰기 4. 색종이 모으기
6	우리는 한 팀		신문지 인형극	1. 신문지 놀이 2. 꿈꾸는 마리오네뜨 놀이 3. 난장이 거인놀이 4. 신문지 인형 만들고 팀별 경연대회
7	네버엔딩 스토리	현재의 가족 안에서 긍정적 자기상 찾기	가족인형극	1. 가족인형을 선택하고 누구인지 설명하기 2. 가족인형 극 놀이 3. 집단 별로 가족인형극 공연하기 4. 소감을 나누는 시간 갖기
8	나의 가족을 소개해요		가족인형 만들기	1. 동물인형으로 현재의 가족을 세우고 이유를 설명하기 2. 동물인형 중에서 가족이 보는 나를 다시 찾아오고 설명 덧붙이기 3. 가족인형을 만들고 누구인지 소개하기 4. 가족인형을 집에 가져가서 간직하기
9	행복한 순간 포착하기		가족인형 세우기	1. 가족인형 세우기 2. 가족인형이 되어 가족조각 만들기 3. 행복한 순간에 대한 소감나누기

10	타인이 보는 나	타인의 동물을 찾아주기	1. 동물인형 중에서 타인이 보는 나를 찾아 이유를 설명하기 2. 긍정적 모습을 상징하는 동물을 서로 찾아주기 3. 타인이 찾아준 나에 대해 피드백 나누기
11	나에게 필요한 사람	집단 안에서 긍정적 자기상 찾기	관계코칭	1. 내가 좋아했던 사람을 동물인형으로 찾아 그 이유를 설명하기 2. 나와 그 사람 사이의 대극 찾기 3. 대극 간의 공통점과 차이점 찾아보기 4. 나에게 필요한 사람은 누구인지 찾기
12	내편이 되어주는 사람		회원재구성하기	1. 동물인형 중에서 내 편이 될 만한 사람을 상징하는 동물인형을 선택하여 이유 설명하기 2. 내가 선택한 특성을 가진 비슷한 인물이 집단 안에 있는지 찾아보고 그 이유를 설명하기 3. 선택된 참가자들과 피드백 나누기
13	기분좋은 소리가 들려요	또래와 협력하여 긍정적 내면의 소리 구축하기	내면의 소리	1. 자주 들었던 긍정적 소리들을 포스트잇에 쓰고 발표하기 2. 다함께 긍정적 내면의 소리내기 3. 내가 들은 기분 좋은 소리 찾기
14	행복한 나만의 인형		나만의 인형 만들기	1. 내가 찾은 긍정적 자기상 2. 긍정적 메시지 전달하기 3. 나만의 인형 만들기 4. 긍정적 자기상이 넣어진 나만의 인형 간직하기
15	내가 받은 선물		수료증 받기	1. 지금까지의 경험을 동영상 보면서 나누는 시간 갖기 2. 그동안 자신과 타인을 통해 찾은 동물인형들을 찾아와서 그 특성을 적어보기 3. 자기 자신에게 하고 싶은 말을 수료증에 적어보기

인형치료 집단프로그램

회 기		1회기	준비물	이름표, 명함판, 색깔별 네임펜
제 목		나, 이런 사람이야	주 제	자기를 소개하고 명함나누기
목 표		집단 간 친밀감 형성하기		
시간(분)		내 용		
도입	10분	1) 진행자가 자신과 프로그램에 대해 소개하기 2) 참가자들이 순서대로 자신의 이름을 말하고 간단히 소개하기		
전개	30분 (1/2)	**1) 참가자들이 서로 인사를 나누는 시간** ◎ 안녕 친구야! ①모든 집단원이 둥글게 앉는다. ②진행자가 옆에 앉은 사람에게 '안녕 친구야' 라는 말과 힘께 악수를 한다. ③옆으로 돌아가면서 똑같은 방법으로 악수를 나눈다. ④집단원을 살펴보고 진행자가 말하는 특징에 해당하는 사람을 찾는다. ⑤집단원 모두 빠지지 않고 불리워지도록 한다. ◎ 자리 바꾸면서 악수하기 ①둥글게 서서 눈이 마주치는 사람과 악수를 한다. ②진행자가 몇 명과 인사를 나눌지 정해준다. ◎ 퐁당퐁당(손잡기) '퐁당퐁당' 노래에 맞춰 옆 사람의 손에 자신의 손을 얹으면서 '잡으세요' 라는 신호에 맞춰 옆 사람 손을 잡는다.		
	30분 (3)	**2) 팔꿈치와 손바닥을 접촉하는 자석놀이** 모두 일어나서 '즐겁게 춤을 추다가' 노래를 부르면서 자유롭게 움직이다 가 '손바닥 자석' 하면 앞에 있는 사람과 손바닥을 댄다. 계속해서 신체부 위를 바꾸면서 진행한다. **3) 명함 만들고 서로 나누기** ①명함크기의 종이를 6장씩 나누어 갖는다. ②6장 모두에 자신의 이름과 특징, 취미, 신체적 특성, 장점 등 자신을 알 릴 수 있는 것을 두 개씩 적는다. ③'즐겁게 춤을 추다가 그대로 멈춰라' 노래가 끝나면 만나는 사람에게 자 신이 만든 명함을 한 장씩 준다. ④6명에게 한 장씩의 명함을 나누어준다. ⑤다 같이 앉아서 자신이 받은 명함에 있는 사람을 소개한다.		
마무리	10분	①활동에 대한 느낀 점 나누기 ②워크북에 소감문 작성하기		
유의사항 & 활용팁		①학교현장에서 40분-45분으로 2차시를 진행할 경우 1)과 2)를 진행 한 후 쉬는 시간을 갖고 3)을 진행한다. ②1시간의 집단 프로그램의 경우는 1)과 2)의 시간을 단축하고 소감문 작성 시간을 생략한다.		

회 기	2회기	준비물	동물인형, A4용지, 필기도구
제 목	나를 맞춰봐	주 제	자기소개서를 작성하고 탐정놀이하기
목 표	집단 간 친밀감 형성하기		

시간(분)		내 용
도입	10분	1) 오늘 활동에 대해 설명하기 2) 참가자들과 서로 인사 나누는 시간
전개	30분 (1) 30분 (2/3)	**1) 자신을 상징하는 동물인형 찾기** ①동물인형 중 나를 상징하는 동물인형을 4개씩 찾아보는 시간이라고 설명하고 찾아오게 한다. ②나를 상징하는 동물로 왜 그것을 선택했는지 돌아가면서 이유를 설명하게 한다. ③진행자는 각자가 세운 동물들의 사진을 찍어 놓는다. **2) 자기소개서를 작성하기** ①워크북에 자신을 소개하는 7개의 질문에 답을 쓰게 한다. - 내가 가장 좋아하는 연예인은? - 내가 가장 즐겨보는 TV 프로그램은? - 나를 가장 잘 상징하는 동물은? - 내가 잘 먹는 음식은? - 내가 좋아하는 색깔은? - 내가 여가시간에 가장 하고 싶은 것은? - 내가 떠나보고 싶은 여행지는? ②돌아가면서 자신이 쓴 답을 말한다. ③진행자는 집단원의 답에 피드백을 주면서 다른 사람들이 잘 기억할 수 있도록 돕는다. 잘 기억해두어야 탐정이 되어 그 사람을 맞출 수 있다고 힌트를 준다. **3) 탐정놀이** ①진행자는 모두 탐정이 되어 소개되었던 집단원의 이름을 맞추게 한다. ②진행자는 처음엔 한 가지씩을 말하고 누구인지 질문하고 맞추면 보상물을 준다. 개수를 3개로 늘려서 질문한다. ③마지막으로 7개를 모두 소개하고 누구인지 질문하고 맞추면 보상물을 준다.
마무리	10분	①활동에 대한 느낀 점 나누기 ②워크북에 소감문 작성하기
유의사항 & 활용팁		①학교현장에서 40분-45분으로 2차시를 진행할 경우 1)을 진행 한 후 쉬는 시간을 갖고 2)와 3)을 진행한다. ②1시간의 집단 프로그램의 경우는 2)와 3)의 시간을 단축하고 소감문 작성 시간을 생략한다. ③동물인형 찾기를 힘들어하면 개별적으로 도움을 주거나 학생이 선택한 만큼에서 멈추게 하고 그것에 관해서만 설명하게 한다.

회 기		3회기	준비물	동물인형 2세트, A4용지, 네임팬
제 목		우리끼리 모여요	주 제	동물 사파리 마을 만들기
목 표		집단 활동 경험을 통해 나와 타인 인식하기		
시간(분)		내 용		
도입	10분	①오늘 하는 활동에 대해서 설명해주기 ②참가자들과 서로 인사 나누는 시간		
전개	30분 (1) 30분 (2)	**1) 자신이 소망하는 동물인형 찾기** ①동물인형들을 미리 책상위에 세팅해 놓는다. ②동물인형 중 소망하는 자신의 동물인형 1개를 선택하여 가져오게 한다. ③자리에 돌아와 이 동물을 고른 이유에 대해 돌아가면서 설명하게 한다. ④진행자가 설명을 듣고 나면 특징을 집단원이 이해하기 쉽게 피드백해준다. **2) 동물 사파리 마을 만들기** ①집단원들의 설명을 들은 후 자신이 선택한 동물과 같은 종류이거나 설명이 비슷하거나 같은 특징을 가지고 있다고 생각되는 사람들끼리 모이게 한다. ②진행자는 3-4명씩 소집단을 구성할 수 있도록 돕는다. 집단구성이 잘 이루어지지 않을 때 서로 간에 소속감을 느낄 수 있도록 이들의 공통점을 적절히 부각해준다. ③공통점을 가진 소집단별로 모여 앉아 인사하는 시간을 갖은 후 자신들의 동물사파리 마을의 이름을 정하고 마을의 이름표와 구호를 만든다. ④진행자는 소집단별로 마을 이름과 구호를 발표하게 한다. 이때 각 집단별로 발표할 사람을 정하도록 한다. ⑤소집단은 사파리 마을의 특징을 잘 나타낼 수 있도록 동물사파리를 꾸미게 한다. 이때 서로 상의하여 자신들의 사파리 특징에 부합되는 동물을 보충하면서 사파리를 좀 더 풍성하게 꾸며본다. ⑥다 꾸민 후 소집단별로 자신들이 꾸민 사파리는 어떤 곳인지 소개하고 자랑하고 광고하는 시간을 갖는다. ⑦다른 사파리를 돌아다니며 자유롭게 구경하게 하고 이때 진행자는 사파리 마을의 이름과 장면을 사진 찍는다.		
마무리	10분	①활동에 대한 느낀 점 나누기 ②워크북에 소감문 작성하기		
유의사항 & 활용팁		①학교현장에서 40분-45분으로 2차시를 진행할 경우 1)을 진행 한 후 쉬는 시간을 갖고 2)를 진행한다. ②1시간의 집단 프로그램의 경우는 1)과 2)의 시간을 단축하고 소감문 작성 시간을 생략한다. ③진행자는 각자가 소망하는 동물의 특징을 설명하고 나면 피드백을 통해 집단원들의 이해를 돕도록 하며 소집단을 구성하는데 어려움이 있을 경우 적극적으로 개입하여 구성을 돕는다. ④집단원이 고른 인형에 대해 해석하지 않고 경청하면서 재 진술 정도로 피드백 해준다.		

회 기	4회기	준비물	동물인형 2세트, 4절지도화지, 전지
제 목	따로 또 함께	주 제	주토피아
목 표	집단 활동 경험을 통해 나와 타인 인식하기		

시간(분)		내 용
도입	10분	①오늘 하는 활동에 대해서 설명해주기 ②참가자들과 서로 인사 나누는 시간
전개	30분 (1) 30분 (2)	**1) 나만의 동물 사파리 만들기** ①4절지 도화지를 한 장씩 나누어주고 그 위에 자신만의 동물 사파리를 자유롭게 꾸미게 한다. 이때 개수의 제한 없이 자유 주제로 만들게 한다. ②각자 자신의 사파리에 이름을 붙이고 자신의 사파리를 소개한다. 이때 진행자는 잘 듣고 긍정적 재 진술을 해준다. ②다 꾸미고 나면 순서대로 나만의 사파리를 소개하게 한다. 　ex. 나는 초식동물들만 모여 사는 안전한 동물원을 만들었어요. 　참가자들은 자기의 사파리에 제목을 붙인다. ③진행자는 집단원의 개별 사파리의 사진을 찍는다. **2) 집단 동물 사파리 만들기** ①동물인형을 세트별로 두 군데 세팅해 놓는다. ②5명 이내로 팀을 정해서 한 장씩 전지를 나누어주고 집단 동물사파리를 만든다고 설명한다. ③누가 먼저 시작할지 순서를 정하고 한 줄로 서서 한 명씩 마음에 드는 동물을 선택하게 한다. ④각자 골라온 동물은 앞사람이 만든 사파리를 만지지 않고 덧붙이는 게 규칙이라고 설명한다. ⑤한 명씩 돌아가면서 다 덧붙이고 나면 어떤 동물사파리를 꾸민 것인지 각자 설명하는 시간을 갖는다. ⑥다시 한 번 수정할 시간을 주고 이번에는 전체를 내가 원하는 대로 바꿀 수 있게 한다. 마지막 사람이 꾸민 동물사파리가 팀의 완성된 집단 동물사파리가 될 것이라고 설명해준다. 집단 모두가 참여한 사파리에 제목을 붙인다. ⑦이전과 무엇이 수정되었는지 돌아가면서 말하고 집단 동물사파리를 만들 때 좋았던 점과 불편했던 점에 대해 피드백 나누는 시간을 갖는다. ⑧집단별로 자신들의 사파리 왕국의 이야기를 만든다. 지금 이 사파리에서는 어떤 이야기가 펼쳐지고 있는지 스토리텔링을 하게 한다. ⑨진행자는 집단 동물사파리의 사진을 찍는다.
마무리	10분	①활동에 대한 느낀 점 나누기 ②워크북에 소감문 작성하기
유의사항 & 활용팁		①학교현장에서 40분-45분으로 2차시를 진행할 경우 1)을 진행 한 후 쉬는 시간을 갖고 2)를 진행한다. ②1시간의 집단 프로그램의 경우는 1)과 2)의 시간을 단축하거나 2)만 진행하고 소감문 작성시간을 생략한다. ③진행자는 집단별로 진행할 때 학생들이 서로를 비난하지 않도록 개입해주고 순서와 시간을 잘 지킬 수 있도록 규칙을 설명한다. ④마무리 시간에는 타인을 배려한 모습을 강조하면서 집단에서 내 생각을 말하거나 표현하는 것도 중요하고 타인에게 배려 받았을 때 얼마나 기분이 좋은 것인지 피드백 해준다.

회 기	5회기	준비물	솜 공, 감정단어, 색종이
제 목	우리 함께해요	주 제	집단게임 활동
목 표	타인과 협력하여 성취감 경험하기		

시간(분)		내　용
도입	10분	①오늘 하는 활동에 대해서 설명해주기 ②참가자들과 서로 인사 나누는 시간
전개	30분 (1/2 /3) 30분 (4/5)	**1) 귓속말 전달하기** ①진행자가 옆사람에게 단어를 귓속말로 전하면 다시 옆사람에게 똑같은 말을 전달한다. ②집단원 모두에게 전달되면 진행자의 신호에 맞춰 자신이 들은 단어를 말한다. **2) 얼굴표정 맞추고 표정 전달하기** ①진행자는 얼굴표정 짓기 연습을 함께 해본다. ②감정카드를 나누어주고 진행자가 한 가지 얼굴표정을 지으면 어떤 감정인지 감정카드를 고르게 한다. ③진행자는 두 그룹으로 소집단을 구성하여 맨 앞사람만 앞을 보고 나머지는 뒤를 보게 한 후 맨 앞사람에게 한 가지 감정카드를 보여 준 후 표정을 지어 전달하게 한다. ④맨 뒷사람이 그 감정을 표현한 단어를 말하고 맞추면 보상물을 준다. **3) 손탑쌓기** ①집단원을 3-4명씩 소그룹으로 나누어 둥글게 앉아 손탑을 쌓는다. ②손탑을 쌓은 후 야호 구령에 맞추어 손을 풀어낸다. **4) 손바닥 장점 쓰기** ①종이에 자신의 손을 대고 그린다. ②손바닥 그림에 자신의 이름과 장점 3개를 쓰고 옆에 있는 사람에게 종이를 전달한다. ③옆에 사람은 자신이 생각하는 친구의 장점을 손 그림에 적는다. ④계속 옆으로 종이를 돌려서 자신의 손바닥이 돌아오면 멈춘다. ⑤친구들이 적어준 자신의 장점을 한사람씩 읽는다. **5) 색종이 모으기** ①진행자는 3-4명씩 소집단을 구성하게 하고 다양한 색의 색종이를 집단원 모두에게 나누어 준다. ②정해진 시간 안에 그 팀은 다른 팀이 모르게 한 가지 색을 정하고 그 색을 모으러 다닌다. ③색종이를 모으는 방법은 다른 팀원에게 가서 칭찬을 하고 원하는 색을 받는 것이다. ④시간이 종료됨을 알리면 팀원이 모아온 같은 색깔의 색종이를 모두 합쳐 개수가 가장 많으면 그 팀이 승리한다.
마무리	10분	①활동에 대한 느낀 점 나누기 ②워크북에 소감문 작성하기
유의사항 & 활용팁		①학교현장에서 40분-45분으로 2차시를 진행할 경우 1)과 2), 3)을 진행 한 후 쉬는 시간을 갖고 4와 5)를 진행한다. ②1시간의 집단 프로그램의 경우는 시간을 단축하거나 활동을 선택하여 진행하고 소감문 작성시간을 생략한다.

회 기	6회기	준비물	신문지, 가위
제 목	우리는 한 팀	주 제	신문지 인형극
목 표	타인과 협력하여 성취감 경험하기		

시간(분)		내 용
도입	10분	①오늘 하는 활동에 대해서 설명해주기 ②참가자들과 서로 인사 나누는 시간
전개	30분 (1/2) 30분 (3/4)	**1) 신문지 놀이** ①진행자는 집단원을 4인 1조로 만들게 한다. 그룹원들이 '신문지쇼'로 사행시를 서로 의논한 후 팀별로 발표를 한다. ②오감을 통해 신문지 탐색을 한다. 흔들어 보고, 찢어도 보고 구겨도 보고~ ③신문지 변신놀이를 한다. "수리수리 마수리 **으로 변해라 얍" 이라는 주문을 외우면 신문지가 다양한 변형(배, 비행기, 모자. 이불, 구름 등 등)이 될 수 있도록 격려한다. **2) 꿈꾸는 마리오네뜨 놀이** ①진행자는 4인 1조 집단원을 다시 가위바위보를 해서 이긴 사람은 인형극 배우로, 진 사람은 마리오네뜨 인형의 역할을 부여한다. ②마리오네뜨 인형 역할의 사람은 의자에 앉아있고 인형극배우는 마리오네뜨 인형 뒤에 서서 인형의 양손을 잡고 다양한 포즈로 움직여 본다. ③진행자가 '역할 교대'를 외치면 인형극배우는 마리오네뜨 인형이 되어 의자에 앉고, 마리오네뜨 인형은 배우가 되어 인형 뒤에 서서 인형의 양손을 잡고 다양한 포즈로 움직인다. **3) 난장이 거인 놀이** ①진행자는 4인 1조 집단원들에게 모두가 난장이가 되어보자고 외치며 최대한 온 몸을 숙이고 쪼그리고 앉아서 몸을 작게 작게 만든다. 아주 작아진 느낌으로 천천히 여기저기를 걸어다닌다. ②4인 1조 집단원들에게 모두가 거인이 되어보자고 외치며 최대한 온 몸을 늘려서 몸을 크게 크게 만든다. 아주 커진 느낌으로 천천히 여기저기를 걸어다닌다. ③진행자가 '내 맘대로 변해보자 얍'하고 외치면 본인이 더 편안하게 느껴진 것 중 난쟁이나 거인으로 변신하여 여기저기를 걸어다닌다. **4) 신문지 인형 만들기 및 팀별 경연대회** ①진행자는 4인 1조 집단원들에게 신문지를 가지고 머리, 몸통, 팔, 다리를 만들도록 격려한다. ②진행자는 각각 만들어진 머리, 몸통, 팔, 다리를 집단원들이 함께 모여서 역할 분담을 하여 각각을 움직이는 파트로 나누어 합체하여 신문지 인형을 함께 움직여 보도록 설명해 준다(두리번 두리번 좌우로 머리를 움직 봄 -> 일어나서 걸어다니기-> 인사하기-> 점프해보기-> 날아오르기) ③신문지인형 팀별 경연대회: 집단원들이 함께 이야기를 꾸미고 신문지 인형의 움직임을 연습하여 인형극 퍼포먼스를 발표한다.
마무리	10분	①활동에 대한 느낀 점 나누기 ②워크북에 소감문 작성하기
유의사항 & 활용팁		①학교현장에서 40분-45분으로 2차시를 진행할 경우 1)과 2)를 진행 한 후 쉬는 시간을 갖고 2)를 진행한다. ②1시간의 집단 프로그램의 경우는 1)과 2)의 시간을 단축하거나 4)만 진행하고 소감문 작성시간을 생략한다.

회 기		7회기	준비물	가족인형, 인형극 천, 8절지도화지, 네임팬
제 목		네버엔딩 스토리	주 제	가족 인형극
목 표		현재의 가족 안에서 긍정적 자기상 찾기		
시간(분)		내 용		
도입	10분	①오늘 하는 활동에 대해서 설명해주기 ②참가자들과 서로 인사 나누는 시간		
전개	30분 (1/2) 30분 (3)	**1) 가족인형 선택하기** ①진행자가 미리 세팅해 놓은 가족인형들 중에서 가족인형을 하나씩 선택하게 한다. ②내가 선택한 가족인형이 가족구성원들 중에서 누구인지 설명하고 왜 선택했는지 이유를 말한다. 　예) 나, 엄마, 아빠, 아기, 동생, 언니, 형, 할머니, 할아버지 등 **2) 가족 인형극 놀이** ①진행자는 두 팀으로 나누어 자신이 가져온 가족인형을 서로에게 소개하면서 인사를 나누게 한다. ②각자 가져온 가족인형으로 가족을 구성하게 한다. 만약 서로 조율이 되지 않는다면 진행자가 개입해서 역할을 나누도록 돕는다. ③팀별로 가족인형극 준비를 한다. 어떤 이야기로 꾸밀지 의논하게 한다. 　예) 가족여행가기, 생일파티, 중요한 결정을 하는 날 등 ④가족인형극의 제목을 정하고 포스터를 8절지에 만든다. **3) 가족 인형극 공연하기** ①진행자가 큰 책상을 커다란 천으로 덮어서 즉석 인형극장을 만들어준다 ②한 팀씩 준비한 가족인형극의 제목을 말하고 공연을 한다. 이때 다른 팀은 관객이 된다. ③한 팀의 공연이 끝나면 다른 팀이 그 공연의 제목이나 주제와 관련하여 피드백을 하거나 관람 평을 하게 한다. ④다른 팀의 공연이 이어서 진행되며 마찬가지로 다른 팀은 피드백을 한다.		
마무리	10분	①활동에 대한 느낀 점 나누기 ②워크북에 소감문 작성하기		
유의사항 & 활용팁		①학교현장에서 40분-45분으로 2차시를 진행할 경우 1)을 진행 한 후 쉬는 시간을 갖고 2)를 진행한다. ②1시간의 집단 프로그램의 경우는 1)과 2)의 시간을 단축하거나 2)만 진행하고 소감문 작성시간을 생략한다. ③팀별로 가족인형의 역할을 잘 찾지 못하거나 역할극을 잘 수행하지 못할 때 진행자가 개입하여 도움을 준다. ④가족인형극은 동영상 촬영을 해서 기록으로 남긴다.		

회 기	8회기	준비물	동물인형, 목각인형공방, 네임펜, A4용지
제 목	나의 가족을 소개해요	주 제	가족인형 만들기
목 표	현재의 가족 안에서 긍정적 자기상 찾기		

시간(분)		내 용
도입	10분	①오늘 하는 활동에 대해서 설명해주기 ②참가자들과 서로 인사 나누는 시간
전개	30분 (1/2) 30분 (3)	**1) 동물인형으로 현재 나의 가족 세우기** ①진행자는 먼저 책상 위에 동물인형들을 정리해서 배열해 놓는다 ②참가자들은 동물인형으로 현재 나의 가족을 선택해서 A4 용지 위에 동물인형들을 세우고 설명한다. **2) 동물인형 중 가족이 보는 나를 찾기** ①가족이 보는 나를 동물인형들 중에서 다시 선택하여 가져오게 하고 나를 표현한 동물인형 옆에 가족이 보는 나를 인형을 세운다. ②내가 보는 가족 안에서의 나와 가족이 보는 나에 대해서 같은 동물인형이면 이유를 설명하고 다른 동물인형이면 그 차이를 설명하게 한다. **3) 나의 가족 인형 만들기** ①진행자는 나의 가족인형 패키지를 참가자에게 나누어주고 그 안의 내용물을 꺼내보고 나무인형 놀이를 설명해준다. (서로 마주보고 인사 시키기-> 서로 걸어보기-> 서로 껴안아보기 등) ②진행자는 남자인형과 여자인형을 만들 것이라고 하고 눈을 감고 나의 가족을 떠올려본 후 그 느낌을 간직하면서 나무 인형을 A4 용지에 그리고 기본 디자인을 완성한다. ③헤어디자이너가 된 것처럼 인형에게 털실머리카락을 붙여주거나 네임펜으로 머리카락을 그려준다. ④의상디자이너가 된 것처럼 양말을 이용해 여자인형에 옷을 입혀주고 남자인형에 네임펜으로 옷을 그려주어도 된다. ⑤메이크업 디자이너가 된 것처럼 눈, 코, 입을 네임펜으로 그려준다. ⑥완성된 나의 가족인형을 소개하기 ⑦가족인형을 집에 가져가서 간직하게 한다.
마무리	10분	①활동에 대한 느낀 점 나누기 ②워크북에 소감문 작성하기
유의사항 & 활용팁		①학교현장에서 40분-45분으로 2차시를 진행할 경우 1)과 2)를 진행 한 후 쉬는 시간을 갖고 3)을 진행한다. ②1시간의 집단 프로그램의 경우는 시간을 단축하고 소감문 작성시간을 생략한다. ③모든 활동은 사진촬영을 해 놓는다.

회 기		9회기	준비물	가족인형, 8절지도화지
제 목		행복한 순간 포착하기	주 제	가족 조각
목 표		현재의 가족 안에서 긍정적 자기상 찾기		
시간(분)		내 용		
도입	10분	①오늘 하는 활동에 대해서 설명해주기 ②참가자들과 서로 인사 나누는 시간		
전개	30분 (1) 30분 (2)	**1) 가족인형 세우기** ①진행자가 집단원들에게 눈을 감고 가족과 함께 우리에겐 지나간 먼 과나 최근에 일어났던 즐겁고 행복했던 순간을 포착하여 그 장면을 떠올리게 한다. ②진행자가 미리 세팅해 놓은 가족인형들 중에서 현재 나의 가족구성원 모두를 가져와서 8절지 도화지에 그 장면을 꾸미게 한다. ③돌아가면서 가족과 함께 행복했던 순간에 대한 장면을 설명하게 한다. ④진행자는 경청하면서 재 진술해주고 사진을 찍는다. **2) 가족조각 만들기** ①진행자는 돌아가면서 한 명씩 자신이 꾸민 행복한 순간을 집단원들을 대상으로 조각을 만들것이라고 설명한다. ②가족의 숫자대로 집단원들이 나와서 직접 가족인형이 되어 타인의 행복한 순간을 재현한다. ③마지막에는 자신이 어느 위치에 어떻게 있고 싶은지 자신의 자리를 만들어 들어가게 한다. ④집단원들이 가족인형이 되어 그 가족의 구성원으로 세워진 경험을 피드백 한다. ⑤즐거운 경험을 타인과 나누고 집단원들의 참여로 표현된 행복한 순간을 경험하고 자신이 느낀 점을 이야기 하게 한다. ⑥이 작업의 모든 과정을 사진으로 촬영되어 기록에 남긴다.		
마무리	10분	①활동에 대한 느낀 점 나누기 ②워크북에 소감문 작성하기		
유의사항 & 활용팁		①학교현장에서 40분-45분으로 2차시를 진행할 경우 1)을 진행 한 후 쉬는 시간을 갖고 2)를 진행한다. ②1시간의 집단 프로그램의 경우는 1)과 2)의 시간을 단축하고 소감문 작성 시간을 생략한다. ③모든 장면들은 사진촬영을 해 놓는다.		

회 기	10회기	준비물	동물인형, 8절지도화지, 필기도구
제 목	타인이 보는 나	주 제	타인의 동물인형 찾기
목 표	집단 안에서 긍정적 자기상 찾기		
시간(분)		내 용	

도입	10분	①오늘 하는 활동에 대해서 설명해주기 ②참가자들과 서로 인사 나누는 시간
전개	30분 (1) 30분 (2)	**1) 동물인형 중에서 타인이 보는 나를 찾기** ①집단원들에게 진행자의 긍정적 모습을 상징하는 동물인형을 각자 한 개씩 찾게 한다. ②순서대로 그 이유를 설명하게 하고 진행자는 느낀 점을 말한다. ③참가자들이 골라 준 동물인형들을 모두 나열해 놓은 후 사진을 찍는다. ④진행자가 모델링으로 보여준 방식대로 순서를 정해서 한 명씩 자신이 발견한 타인의 긍정적 모습을 상징하는 동물인형을 선택하여 타인의 책상 위에 갖다 놓고 그 이유를 설명하게 한다. ⑤집단원이 골라 준 동물인형들을 촬영한다. ⑥같은 방법으로 순서대로 모든 집단원의 긍정적 모습을 찾아주도록 한다. ⑦집단원들이 골라준 동물인형과 그 이유를 8절지 도화지에 작성하게 한다. **2)타인이 보는 나의 긍정적 모습** ①집단원이 골라준 동물인형과 그 이유 작성한 도화지를 보여주면서 나의 긍정적 모습에 대해 각자 느낀 점을 말하게 하고 자신의 긍정적인 모습이 무엇인지 발견한 것을 이야기하게 한다. 만약 설명을 잘 못하면 진행자가 대신 정리해준다. ②내가 알고 있었던 점은 무엇이고 새롭게 발견한 점은 무엇인지 말하게 한다.
마무리	10분	①활동에 대한 느낀 점 나누기 ②워크북에 소감문 작성하기
유의사항 & 활용팁		①학교현장에서 40분-45분으로 2차시를 진행할 경우 1)을 진행 한 후 쉬는 시간을 갖고 2)를 진행한다. ②1시간의 집단 프로그램의 경우는 1)과 2)의 시간을 단축하고 소감문 작성 시간을 생략한다. ③표현하기 힘든 친구들은 최대한 격려하여 비슷하게라도 따라하고 표현할 수 있도록 지지해주도록 한다. ④진행자가 적극적으로 참여하도록 돕고 자아찾기가 끝난 학생들마다 긍정적 피드백을 해준다.

회 기	11회기	준비물	동물인형, 8절지도화지, 필기도구
제 목	나에게 필요한 사람	주 제	관계코칭
목 표	집단 안에서 긍정적 자기상 찾기		

시간(분)		내 용
도입	10분	①오늘 하는 활동에 대해서 설명해주기 ②참가자들과 서로 인사 나누는 시간
전개	30분 (1/2) 30분 (2)	**1) 동물인형 중 내가 좋아하는 사람 찾기** ①동물인형 중 내가 좋아하는 또는 좋아했던 사람을 찾아오게 한다. ②무엇 때문에 그 동물을 선택했는지 돌아가면서 그 이유를 설명하기 ③선택한 동물은 사진을 찍어놓는다. **2)관계질문 하기** 진행자는 다음의 질문을 순서대로 한다. **질문** 1) 좋아하는 이유는 무엇인가? 좋아했었던 이유는 무엇인가? 2) 그 동물인형과 비교해보면 나는 어떤 동물로 선택할 수 있는가? 3) 이 둘 사이에 가장 큰 대극은 무엇인가? 차이가 나는 것, 반대되는 성향이 무엇인가? 4) 상대에게 하고 싶은 충고는 무엇인가? 5) 그가 더 나은 삶을 살도록 조언을 해준다면 무엇인가? 6) 상대방은 나를 어떤 동물인형으로 보겠는가? **3) 나에게 필요한 사람은 누구인지 찾아보기** ①집단원들이 각자가 소개한 좋아하는 사람들의 공통점을 찾아 순서대로 8절지 도화지에 적게 한다. ②진행자는 다 적은 도화지를 받아 읽어주고 "우리가 ㅇㅇㅇ 사람들을 좋아한다."고 피드백 한다. ③우리가 왜 좋아하는 ㅇㅇㅇ사람들이 필요한지 그 이유를 서로 이야기하게 한다.
마무리	10분	①활동에 대한 느낀 점 나누기 ②워크북에 소감문 작성하기
유의사항 & 활용팁		①학교현장에서 40분-45분으로 2차시를 진행할 경우 1)과 2)를 진행 한 후 쉬는 시간을 갖고 3)을 진행한다. ②1시간의 집단 프로그램의 경우는 1)과 2)의 시간을 단축하고 소감문 작성 시간을 생략한다. ③진행자는 집단원들의 특성에 맞춰 질문유형을 융통성 있게 조율할 수 있으며 진행자가 먼저 시범을 보여서 집단원이 쉽게 이해하도록 돕는다.

회 기	12회기	준비물	동물인형, 4절지도화지
제 목	내편이 되어주는 사람	주 제	회원재구성하기
목 표	집단 안에서 긍정적 자기상 찾기		

시간(분)		내 용
도입	10분	①오늘 하는 활동에 대해서 설명해주기 ②참가자들과 서로 인사 나누는 시간
전개	30분 (1/2) 30분 (3/4)	**1) 집단원 중에서 그동안 가장 많이 도움이 된 친구를 선택하기** ①4절지 도화지를 1장 씩 나누어 준다. ②그동안 집단 프로그램 활동을 하면서 자신이 가장 도움을 많이 받았다고 느낀 친구가 누구였는지 생각해 본다 ③그 친구의 이미지에 맞는 동물인형을 선택하여 도화지 위에 올려놓는다. **2) 순서대로 돌아가면서 자신이 도움 받은 친구에 대해 이야기하기** ①집단원들에게 그 친구가 자신에게 도움을 준 부분이 무엇인지를 말하고 그 친구의 특징을 나타내는 동물인형을 고른 이유를 설명한다. ②이야기 내용을 들으며 집단원들은 그 친구가 누구인지 알아맞히는 게임을 한다. (알아맞힌 친구들에게는 스티커를 하나씩 준다.) ③자신이 선택한 친구의 도화지 위에 그 동물인형을 놓아준다. **3) 친구의 눈에 비친 자신의 모습을 통해 새로운 자아정체성 형성하기** ①내가 선택한 동물인형을 받은 친구는 내 이미지의 동물인형을 선택하여 내 도화지 위에 놓는다. ②친구가 나를 위해 그 동물을 선택한 이유를 설명하고 그 특징에 맞는 이름을 붙여준다. **4) 나만의 사파리 만들기** ①그 동안 집단 작업을 하면서 나의 이미지로 선택되었던 동물인형들을 모두 골라서 오늘의 동물인형들과 함께 도화지 위에 올려놓고 나만의 사파리를 만든다. ②나만의 사파리에 적당한 이름을 붙이고 사진을 찍는다.
마무리	10분	①활동에 대한 느낀 점 나누기 ②워크북에 소감문 작성하기
유의사항 & 활용팁		①학교현장에서 40분-45분으로 2차시를 진행할 경우 1)과 2)를 진행 한 후 쉬는 시간을 갖고 3)과 4)를 진행한다. ②1시간의 집단 프로그램의 경우는 1), 2)와 3)의 시간을 단축하거나 4)와 소감문 작성시간을 생략한다. ③집단원 중에서 가장 도움을 많이 준 친구로 몇 명이 집중적으로 지목될 위험성을 줄이기 위해, 지도교사는 아동들에게 그동안 친구들에게 들은 '긍정적인 인정이나 칭찬의 말'과 같이 구체적이고 분명한 도움의 근거를 가지고 친구를 선택하도록 확인시켜 준다. ④나만의 사파리에 이름을 붙일 때 지도교사는 그 특징에 따라 희망적이고 긍정적인 이름을 붙일 수 있도록 도와준다.

회 기		13회기	준비물	가족인형. 포스트잇, 필기도구
제 목		기분좋은 소리가 들려요	주 제	내면의 소리
목 표		또래와 협력하여 긍정적 내면의 소리 구축하기		
시간(분)		내 용		

도입	10분	①오늘 하는 활동에 대해서 설명해주기 ②참가자들과 서로 인사 나누는 시간
전개	30분 (1) 30분 (2)	**1) 가족인형 세우기** ①가족인형들 중에서 내 주변에 중요한 인물(또래, 가족 모두)들을 책상위에 세우게 한다. ②내 주변의 인물들이 내게 자주 하였던 말들을 생각해보고 포스트잇에 적게 한다. ex. 게으름뱅이야, 빨리 해, 넌 왜 그 모양이니? 참 착하다, 잘했어. ③순서대로 자신이 세운 인물들을 소개하고 나서 자주 들었던 소리들을 발표하게 한다. ④진행자가 긍정적인 말들과 부정적인 말들을 구분하여 피드백 해준다. **2) 긍정적 내면의 소리를 만들어내는 퍼포먼스** ①집단원들이 원을 만들고 순서를 정해 한 명씩 원 안에 들어가게 한다. ②원을 둘러싼 또래들은 치료사가 미리 준비한 긍정적 말들이 적힌 메모장을 받아 큰 소리로 외치게 한다. ③진행자는 원 안에 있는 학생에게 어떤 소리가 들리는지 묻고 느낀 점을 말하게 한다.
마무리	10분	①활동에 대한 느낀 점 나누기 ②워크북에 소감문 작성하기
유의사항 & 활용팁		①학교현장에서 40분-45분으로 2차시를 진행할 경우 1)을 진행 한 후 쉬는 시간을 갖고 2)를 진행한다. ②1시간의 집단 프로그램의 경우는 1)과 2)의 시간을 단축하고 소감문 작성 시간을 생략한다. ③진행자는 학생들이 진지하게 참여할 수 있도록 분위기를 조성해준다. ④긍정적 내면의 소리를 찾을 수 있도록 치료사는 미리 메모장을 학생들의 사례에 따라 전 차수에 미리 준비해준다.

회 기	14회기	준비물	인형공방, 포스트잇, 네임펜
제 목	행복한 나만의 인형	주 제	나만의 인형 만들기
목 표	또래와 협력하여 긍정적 내면의 소리 구축하기		

시간(분)		내 용
도입	10분	1) 오늘 활동에 대해 설명하기 2) 참가자들과 서로 인사 나누는 시간
전개	30분 (1) 30분 (2)	**1) 긍정적 자기상 쓰기** ①진행자는 참가자들에게 본인이 찾은 본인 자신의 긍정적 자기상을 포스트 잇에 쓰게한다. ②참가자들끼리 긍정적 메시지를 서로 적어주고 전달하게 한다 ③다른 참가자에게 전달받은 긍정적 메시지를 읽은 후에 소중히 간직한다. **2) 나만의 인형 만들기** ①진행자는 나만의 인형 패키지를 참가자들에게 나누어 준다 ②패키지 내용물을 빼서 오감을 통해 탐색한다. ③나만의 인형 만들기 - 스티로폴 공을 양말에 넣고 묶어주고 아래 남는 부분은 가위로 잘라준다 (얼굴 완성) - 양말에 솜을 넣는다(몸통 완성) - **나와 참가자들이 써준 메시지를 내가 만든 인형 몸통 가슴에 넣게 한다.** - 얼굴과 몸통을 합체한다(앞뒤로 옷핀을 꽂아서 고정시킨다). 양말 남은 부분으로 목도리를 만들어 목에 감싸주거나 묶어준다. - 양말 남은 부분을 잘 접어 옷핀을 꽂아 모자를 만든다. - 네임펜을 이용하여 눈, 코, 입을 그려준다. ④긍정적 자기상이 넣어진 나만의 인형을 집에 가져가서 간직하게 한다.
마무리	10분	①활동에 대한 느낀 점 나누기 ②워크북에 소감문 작성하기
유의사항 & 활용팁		①학교현장에서 40분-45분으로 2차시를 진행할 경우 1)을 진행 한 후 쉬는 시간을 갖고 2)와 3)을 진행한다. ②1시간의 집단 프로그램의 경우는 2)와 3)의 시간을 단축하고 소감문 작성 시간을 생략한다. ③동물인형 찾기를 힘들어하면 개별적으로 도움을 주거나 학생이 선택한 만큼에서 멈추게 하고 그것에 관해서만 설명하게 한다.

회 기		15회기	준비물	동영상 및 사진 자료, 동물인형, 수료증, 4절지도화지, 필기도구
제 목		내가 받은 선물	주 제	수료증 받기
목 표		또래와 협력하여 긍정적 내면의 소리 구축하기		
시간(분)		내 용		
도입	10분	①오늘 하는 활동에 대해서 설명해주기 ②참가자들과 서로 인사 나누는 시간		
전개	30분 (1) 30분 (2)	**1) 지금까지 경험한 내용을 찍은 동영상을 보면서 나누는 시간 갖기** ①가장 신나고 즐거웠던 작업의 순간들은 언제였는지? ②어떤 장면의 내 모습이 가장 마음에 드는지? ③처음 시작했을 때와 비교해서 나는 무엇이 달라졌는지? **2) 나에게 주는 상장 만들기** ①지금까지 작업하면서 등장했던 자신의 동물인형들과 찾아서 4절 도화지에 배열한다. ②각각의 동물인형에 담겨 있는 자신의 긍정적인 이미지들과 특징들과 그동안 들었던 긍정적인 칭찬이나 인정의 말들, 그리고 좀 더 긍정적으로 변화하고 싶은 부분들이 무엇인지에 관해 모두 A4용지에 적는다. ③그 내용을 근거로 자신을 위한 상장을 만든다. ④자신이 만든 상장의 내용을 순서대로 돌아가면서 발표한다.		
마무리	10분	①활동에 대한 느낀 점 나누기 ②워크북에 소감문 작성하기		
유의사항 & 활용팁		①학교현장에서 40분-45분으로 2차시를 진행할 경우 1)을 진행 한 후 쉬는 시간을 갖고 2)를 진행한다. ②1시간의 집단 프로그램의 경우는 1)과 2)의 시간을 단축하고 소감문 작성 시간을 생략한다. ③동영상을 편집할 때, 지도교사는 각각의 하이라이트를 골라 참가자들의 긍정적인 얼굴표정이나 활동이 골고루 나오도록 하고, 처음 모습과 마지막 모습이 얼마나 변화되었는지를 아동 스스로 보고 느낄 수 있도록 한다. ④지도교사는 참가자들이 상장을 작성할 때, 긍정적인 자원과 강점들 중에서 빠진 내용은 없는지 살펴보고 제대로 적을 수 있도록 도와준다.		

인형치료 집단프로그램

이름 :

(사)한국인형치료학회
한국인형치료연구회
Korean Association of Figure Therapy

1. 나, 이런 사람이야

 서로 인사하기

1) 안녕 친구야!
2) 자리 바꾸면서 인사하기

 자석 되어보기

1) 자리에서 일어나서 노래에 따라 자유롭게 움직여봅니다.
2) 선생님께서 제시하는 신체부위에 따라 친구들과 자석 되어보기 놀이를 합니다.

 명함 나누기

1) 명함 크기의 종이를 6장씩 나누어 갖습니다.
2) 각 종이에 자신의 이름과 특징, 취미, 장점 등 자신을 알릴 수 있는 것을 두 개씩 적어봅니다.
3) 6명에게 명함을 한 장씩 나누어줍니다.
4) 다 같이 자리에 앉아 자신이 받은 명함에 있는 사람을 소개합니다.

> **홍 길 동**
>
> 저는 여행을 좋아해요.
> 저는 피아노를 잘 쳐요.

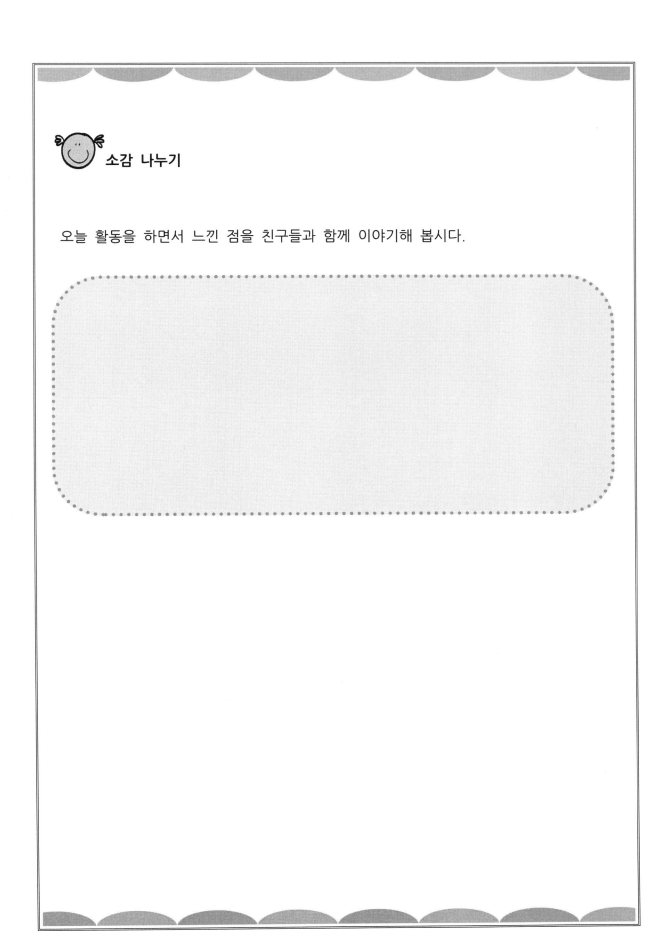

소감 나누기

오늘 활동을 하면서 느낀 점을 친구들과 함께 이야기해 봅시다.

2. 나를 맞춰봐

 나를 상징하는 동물인형 찾기

(1) 선택한 동물인형 :

(2) 이유 :

 자기소개서 작성

1) 자기소개를 하기 위한 준비과정으로, 아래의 앙케이트를 작성합니다.

(1) 내가 가장 좋아하는 연예인은?

(2) 내가 가장 즐겨보는 TV 프로그램은?

(3) 나를 가장 잘 상징하는 동물은?

(4) 내가 잘 먹는 음식은?

(5) 내가 좋아하는 색깔은?

(6) 내가 여가 시간에 가장 하고 싶은 것은?

(7) 내가 떠나보고 싶은 여행지는?

탐정놀이

1) 친구들이 자기소개를 할 때, 잘 듣고 기억을 합니다.

2) 선생님께서 읽어주시는 앙케이트 내용이 어떤 친구가 한 말인지 그 친구의 이름을
   맞추는 탐정놀이를 합니다.

 **소감 나누기**

오늘 활동을 하면서 느낀 점을 친구들과 함께 이야기 해 봅시다.

3. 우리끼리 모여요

 내가 소망하는 동물인형 찾기

(1) 선택한 동물인형 :

(2) 이유 :

 동물 사파리 마을 만들기

1) 친구들과 함께 동물 사파리 마을의 이름을 정하고 이름표와 구호를 만들어봅니다.

2) 사파리 마을의 특징을 잘 나타낼 수 있도록 동물 사파리를 꾸며봅니다.

3) 친구들과 함께 꾸민 사파리가 어떤 곳인지 소개하고 광고해봅시다.

 소감 나누기

오늘 활동을 하면서 느낀 점을 친구들과 함께 이야기 해 봅시다.

4. 따로 또 함께

 나만의 동물 사파리 만들기

1) 도화지 위에 나만의 동물 사파리를 만들어봅니다.

2) 다 꾸미고 나면 친구들에게 나의 동물 사파리를 소개해봅니다.

 집단 동물 사파리 만들기

1) 친구들과 한 팀이 되어, 한 명씩 돌아가면서 동물 사파리를 꾸며봅니다.

 소감 나누기

오늘 활동을 하면서 느낀 점을 친구들과 함께 이야기 해 봅시다.

5. 우리 함께해요

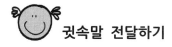

귓속말 전달하기

얼굴 표정 맞추고 전달해보기

1) 선생님의 얼굴표정을 보면서, 어떤 감정을 표현한 것인지 생각해 봅니다.

2) 선생님께서 나눠주신 감정단어들 중 하나를 고르고 "정답"이라고 외칩니다.

3) 두 팀으로 나누어 게임을 합니다. 먼저, 선생님께서 제시한 감정단어를 맨 앞에 있는 학생에게 보여주면 그 학생은 얼굴표정을 만들어 다음 학생에게 계속 전달합니다.

4) 마지막 학생은 선생님께서 제시했던 감정단어를 맞추면 됩니다.

감정단어 :

손 탑 쌓기

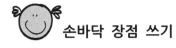 **손바닥 장점 쓰기**

1) 아래의 종이에 자신의 손을 대고 그려보고, 손바닥 그림에 자신의 이름과 장점 3개를 쓰고 옆의 친구에게 전달합니다.

2) 옆 친구는 자신이 생각하는 친구의 장점을 손 그림에 적어줍니다.

3) 계속 옆으로 돌려서 자신의 손바닥이 오면, 친구들이 적어준 나의 장점을 읽어봅니다.

색종이 모으기

1) 다양한 색깔의 색종이 중 우리 팀은 어떤 색깔의 색종이를 모을지 정합니다.

> 우리 팀의 색종이 색깔 :

2) 다른 팀에 가서 그 친구들에게 칭찬이나 듣기 좋은 말을 해주고, 우리 팀이 모으고 있는 색깔의 색종이를 받아옵니다.

> (1) 친구들에게 해 준 칭찬 :
>
> (2) 친구들이 듣고 기분 좋아하는 말 :

 소감 나누기

오늘 활동을 하면서 느낀 점을 친구들과 함께 이야기 해 봅시다.

6. 우리는 한 팀

 신문지 놀이

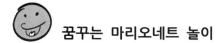 꿈꾸는 마리오네트 놀이

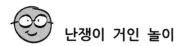 난쟁이 거인 놀이

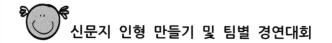 신문지 인형 만들기 및 팀별 경연대회

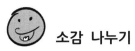 **소감 나누기**

오늘 활동을 하면서 느낀 점을 친구들과 함께 이야기 해 봅시다.

7. 네버엔딩 스토리

 가족인형 선택하기

1) 가족인형들 중에서 가족인형을 하나씩 선택해봅니다.

2) 내가 선택한 가족인형이 누구인지 설명하고 왜 선택했는지 이유를 말해봅니다.

(1) 선택한 가족인형 :

(2) 이유 :

 가족 인형극 놀이

1) 자신이 가져온 가족인형을 서로에게 소개해줍니다.

2) 각자 가져온 가족인형으로 가족을 구성해봅니다.

3) 친구들과 함께 가족 인형극을 준비합니다.

4) 가족인형극의 제목을 정하고 포스터를 만들어봅니다.

가족 인형극 공연하기

 **소감 나누기**

오늘 활동을 하면서 느낀 점을 친구들과 함께 이야기 해 봅시다.

8. 나의 가족을 소개해요

 동물인형으로 현재 나의 가족 세우기

(1) 선택한 동물인형 :

(2) 이유 :

동물인형 중 가족이 보는 나를 찾아보기

(1) 선택한 동물인형 :

(2) 이유 :

 나의 가족 인형 만들기

 소감 나누기

오늘 활동을 하면서 느낀 점을 친구들과 함께 이야기 해 봅시다.

9. 행복한 순간 포착하기

 가족인형 세우기

1) 눈을 감고 가족과 함께 했던 즐겁고 행복했던 순간을 떠올려봅니다.

2) 가족인형들 중에서 현재 나의 가족구성원을 모두 가져와서 그 장면을 설정해봅니다.

즐겁고 행복했던 순간 :

 가족조각 만들기

 소감 나누기

오늘 활동을 하면서 느낀 점을 친구들과 함께 이야기 해 봅시다.

10. 타인이 보는 나

 동물인형 중에서 타인이 보는 나를 찾기

(1) 선택한 동물인형 :

(2) 이유 :

 타인이 보는 나의 긍정적 모습

(1) 느낀 점 :

(2) 나의 긍정적인 모습 :

 소감 나누기

오늘 활동을 하면서 느낀 점을 친구들과 함께 이야기 해 봅시다.

11. 나에게 필요한 사람

 동물인형 중에서 내가 좋아하는 사람 찾기

(1) 선택한 동물인형 :

(2) 이유 :

 선생님의 질문에 답해보기

(1) 좋아하는 이유 :

(2) 동물인형과 비교해본다면, 나는 어떤 동물인가

(3) 둘 사이의 큰 차이점, 반대되는 성향 :

(4) 상대방에게 하고 싶은 충고 :

(5) 상대방이 더 나은 삶을 살도록 조언을 한다면 :

(6) 상대방은 나를 어떤 동물인형으로 보는가 :

집단 활동

 **소감 나누기**

오늘 활동을 하면서 느낀 점을 친구들과 함께 이야기 해 봅시다.

12. 내 편이 되어주는 사람

 집단원 중에서 그동안 가장 많이 도움이 된 친구 선택하기

(1) 선택한 친구와 동물인형 :

(2) 친구의 특징을 나타내는 동물인형 :

 친구에 대해 이야기하기

(1) 친구가 나에게 도움을 준 부분 :

(2) 친구의 특징을 나타내는 동물인형을 고른 이유 :

 친구의 눈에 비친 나의 모습

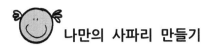 나만의 사파리 만들기

 소감 나누기

오늘 활동을 하면서 느낀 점을 친구들과 함께 이야기 해 봅시다.

13. 기분 좋은 소리가 들려요

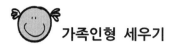 가족인형 세우기

1) 가족인형들 중에서 내 주변에 중요한 인물(또래, 가족 모두)들을 책상위에 세우게 합니다.

2) 내 주변의 인물들이 나에게 자주 하였던 말들을 생각해보고 포스트잇에 적어봅니다.

 긍정적 내면의 소리를 만들어내는 퍼포먼스

소감 나누기

오늘 활동을 하면서 느낀 점을 친구들과 함께 이야기 해 봅시다.

14. 행복한 나만의 인형

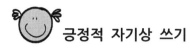 긍정적 자기상 쓰기

1) 자신이 찾은 자신의 긍정적 자기상을 포스트잇에 써봅니다.

2) 친구들과 긍정적 메시지를 서로 적어주고 전달해줍니다.

 나만의 내면아이 인형 만들기

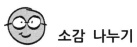 **소감 나누기**

오늘 활동을 하면서 느낀 점을 친구들과 함께 이야기 해 봅시다.

15. 내가 받은 선물

 활동 동영상을 보면서 소감 나누기

(1) 가장 신나고 즐거웠던 작업의 순간들 :

(2) 가장 마음에 드는 장면의 내 모습 :

(3) 처음 시작했을 때와 비교해서 달라진 점 :

나에게 주는 상장 만들기

상 장

집단활동을 통해 발견한 나의 장점들과
발전 가능성에 대해 이 상장을 수여합니다.

나의 장점들

1.
2.
3.
4.
5.

더 나은 발전을 위해 노력할 부분들

1.
2.
3.

소감 나누기

오늘 활동을 하면서 느낀 점을 친구들과 함께 이야기 해 봅시다.

인형치료 집단프로그램

발행인 : 한국인형치료연구회
편집인 : 한국인형치료연구회
발행일 : 2022년 5월 15일 (제2판)
발행처 : (사)한국인형치료학회 ·
　　　　 한국인형치료연구회
　　　　 경기도 군포시 번영로 557번길 18
　　　　 T. 031-457-2960
　　　　 kaft1@naver.com
　　　　 http://www.figuretherapy.org